NATIONAL GEOGRAPHIC
School Publishing

La Tierra cambiante

Nisha Da Silva

PICTURE CREDITS

Cover, 1, 2, 4–5 (all), 6–7 (all), 9 (left), 10 (left), 12 (all), 13 (right), 14, 15 (left), 16, 17 (left), 18, 19 (left), 20 (left above and left below), 21 (all), Photolibrary.com; 9 (right), 11 (right), 13 (left), 15 (above right), 19 (right), APL/Corbis; 11 (left), Newspix; 17 (right), Getty Images; 20 (right), Pacific Press Service/Alamy.

Produced through the worldwide resources of the National Geographic Society, John M. Fahey, Jr., President and Chief Executive Officer; Gilbert M. Grosvenor, Chairman of the Board.

PREPARED BY NATIONAL GEOGRAPHIC SCHOOL PUBLISHING

Steve Mico, Executive Vice President and Publisher, Children's Books and Education Publishing Group; Marianne Hiland, Editor in Chief; Lynnette Brent, Executive Editor; Michael Murphy and Barbara Wood, Senior Editors; Nicole Rouse, Editor; Bea Jackson, Design Director; David Dumo, Art Director; Shanin Glenn, Designer; Margaret Sidlosky, Illustrations Director; Matt Wascavage, Manager of Publishing Services; Sean Philpotts, Production Manager.

SPANISH LANGUAGE VERSION PREPARED BY NATIONAL GEOGRAPHIC SCHOOL PUBLISHING GROUP

Sheron Long, CEO; Sam Gesumaria, President; Fran Downey, Vice President and Publisher; Margaret Sidlosky, Director of Design and Illustrations; Paul Osborn, Senior Editor; Sean Philpotts, Project Manager; Lisa Pergolizzi, Production Manager.

MANUFACTURING AND QUALITY MANAGEMENT

Christopher A. Liedel, Chief Financial Officer; George Bounelis, Vice President; Clifton M. Brown III, Director.

BOOK DEVELOPMENT

Ibis for Kids Australia Pty Limited.

SPANISH LANGUAGE TRANSLATION

Tatiana Acosta/Guillermo Gutiérrez

SPANISH LANGUAGE BOOK DEVELOPMENT

Navta Associates, Inc.

Published by the National Geographic Society
Washington, D.C. 20036-4688

ISBN: 978-0-7362-3872-4

Printed in the U.S.A.

18 17 16 15

10 9 8 7 6 5 4 3 2

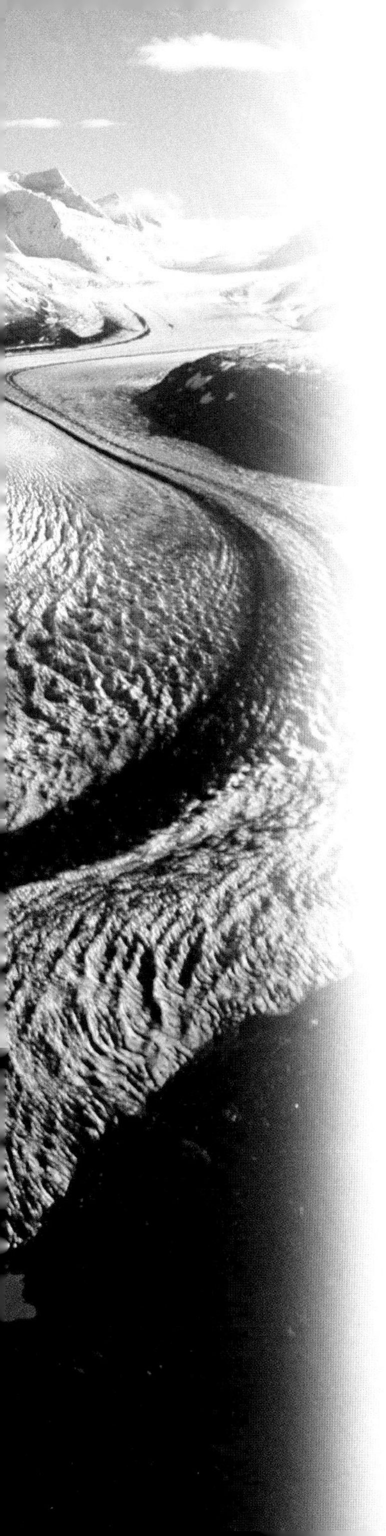

Contenido

Pensar y conversar

volcán

glaciar

daños de un terremoto

¿Qué saben de las fuerzas de la naturaleza? ¿Cómo pueden cambiar la superficie de la Tierra las fuerzas de la naturaleza?

cascada

desierto

Una superficie cambiante

La **superficie** de la Tierra está cambiando constantemente. Estos cambios pueden suceder muy despacio. También pueden suceder con rapidez.

El viento puede cambiar la superficie de la Tierra. En este desierto, el viento desplaza las dunas de arena y desgasta las rocas.

El agua puede cambiar la superficie de la Tierra. Este río ha desgastado lentamente la roca y la tierra para crear un cañón.

Un volcán puede causar cambios con rapidez en la superficie de la Tierra. Lava caliente y cenizas expulsadas por el volcán cubren la zona.

Una corteza en movimiento

La Tierra está cubierta por una capa de tierra y roca llamada corteza. La corteza terrestre está fragmentada en enormes secciones llamadas **placas tectónicas.** Estas placas están en constante movimiento. Ese movimiento cambia la superficie de la Tierra.

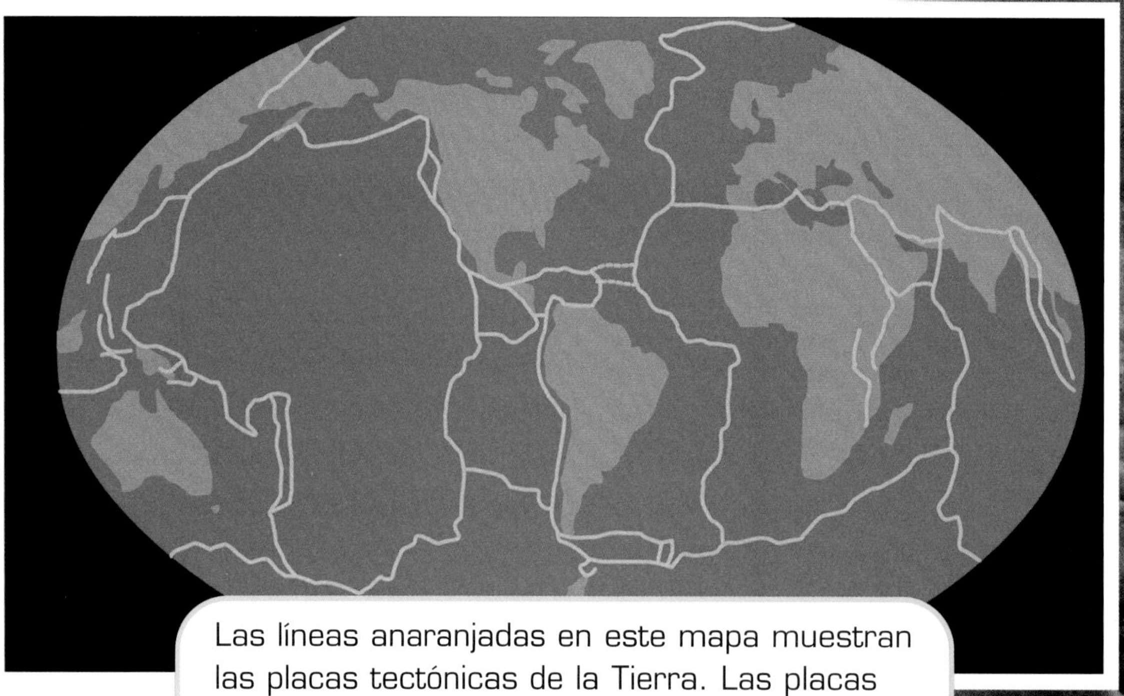

Las líneas anaranjadas en este mapa muestran las placas tectónicas de la Tierra. Las placas tectónicas se mueven muy lentamente.

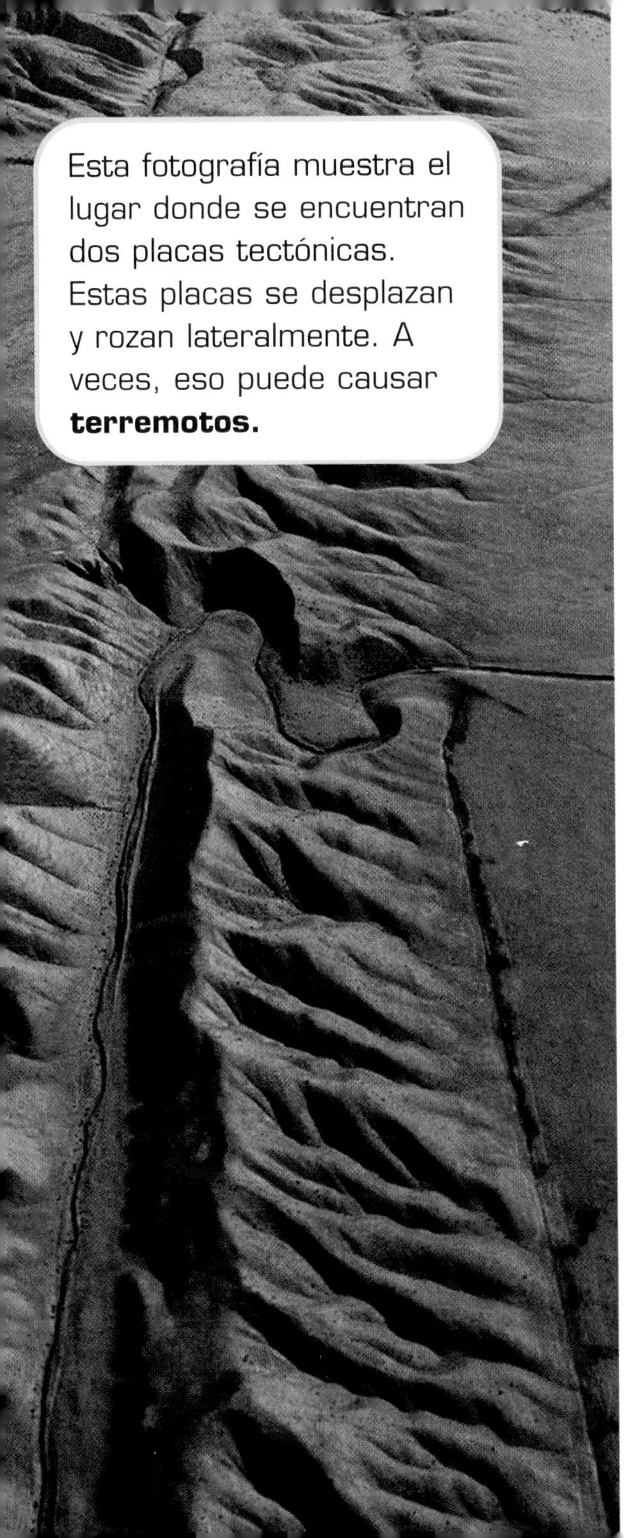

Esta fotografía muestra el lugar donde se encuentran dos placas tectónicas. Estas placas se desplazan y rozan lateralmente. A veces, eso puede causar **terremotos.**

A veces, dos placas se mueven una en dirección a la otra. Eso puede hacer que se levante la corteza terrestre y se formen montañas.

Terremotos

Se pueden producir terremotos cuando dos placas tectónicas friccionan y quedan bloqueadas. En algún momento, las rocas en los bordes de las placas se rompen. Eso hace que la tierra tiemble.

Un terremoto puede producir grandes cambios en la superficie terrestre. Estas grietas se formaron en Perú después de un terremoto.

Un terremoto puede ocurrir bajo el mar, y originar una enorme ola. Cuando ésta llega a la costa, puede derribar árboles y edificios.

¿Lo sabían?

Los científicos usan la escala Richter para medir la fuerza de un terremoto. La mayoría de la gente no puede notar un terremoto que mida menos de 3 en la escala Richter.

El mayor terremoto que se haya registrado se produjo bajo el mar, cerca de Chile, en 1960. Midió 9.5 en la escala Richter y creó una enorme ola. Esta fotografía muestra los daños causados por esa ola.

Volcanes

En algunos lugares, los bordes de las placas tectónicas están resquebrajados. Por estas grietas puede salir en **erupción** ardiente roca fundida llamada magma. Así es cómo se forma un **volcán.**

Al salir de un volcán, el magma puede enfriarse y formar polvo, ceniza y trozos pequeños de roca. Las nubes de polvo de un volcán pueden tener una altura de hasta 50 millas.

El magma que sale de un volcán en erupción recibe el nombre de lava. La lava puede deslizarse por las laderas de un volcán a una velocidad de hasta 30 millas por hora.

Cuando un volcán entra en erupción, se pueden acumular a su alrededor ceniza, polvo y roca hasta formar una montaña con forma de cono.

¿Lo sabían?

Las cenizas y la lava de un volcán pueden cubrir grandes extensiones de terreno. Con el tiempo, ceniza y lava se convierten en tierra. Esta tierra es muy buena para el cultivo.

Aunque es posible que algunos volcanes vuelvan a entrar en erupción, hay muchas comunidades agrícolas cerca de volcanes.

Viento

La **erosión** del viento puede modificar lentamente la superficie de la Tierra. El viento también puede cambiar la superficie terrestre con mucha rapidez.

Los vientos de un **tornado** pueden girar hasta a 300 millas por hora. Un tornado poderoso es capaz de derribar árboles y edificios.

El viento puede desplazar arena y tierra a cientos de millas de distancia. Allá donde caen, la arena y la tierra cubren el terreno y cambian el paisaje.

Granos de arena llevados por el viento han contribuido a que cambiara la forma de esta roca.

Agua

El agua también puede cambiar la superficie de la Tierra. El agua cae en forma de lluvia, granizo y nieve. Se mueve en los ríos, los **glaciares** y el mar. Todas estas masas de agua pueden producir cambios.

Al chocar contra la orilla, las olas arrancan pequeños pedazos de roca. Con el paso del tiempo, la forma de la costa cambia.

Bajo un río, la forma de las rocas puede cambiar debido al **desgaste.** Con el paso del tiempo, se forma un cañón.

Si cae una gran cantidad de lluvia sobre una colina en un corto espacio de tiempo, el suelo se ablanda y se debilita. Eso puede provocar un desprendimiento de tierras.

Algunas zonas de la Tierra son tan frías que la nieve no se derrite. Las capas de nieve se van acumulando y se transforman en hielo. A veces, las capas son tan pesadas que empiezan a deslizarse. Estos bloques de hielo en movimiento se llaman glaciares.

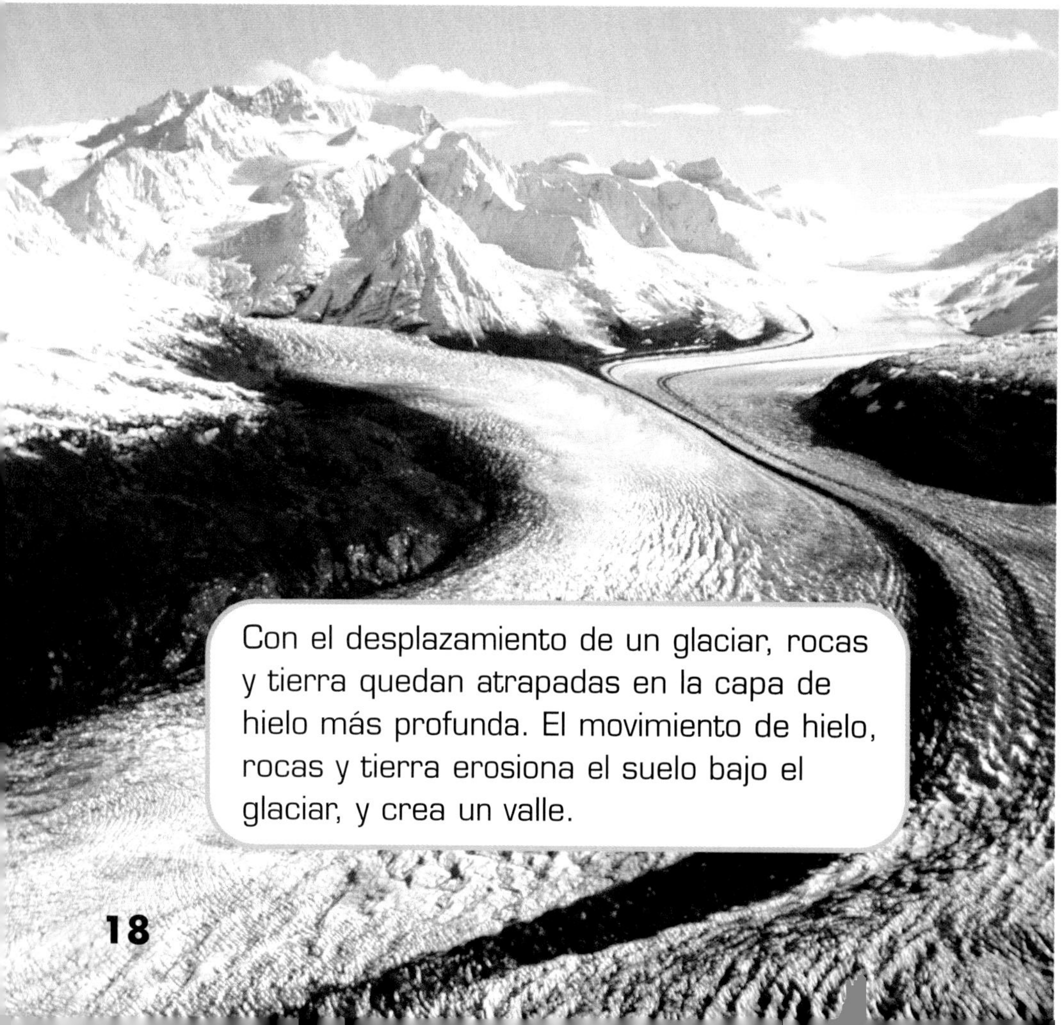

Con el desplazamiento de un glaciar, rocas y tierra quedan atrapadas en la capa de hielo más profunda. El movimiento de hielo, rocas y tierra erosiona el suelo bajo el glaciar, y crea un valle.

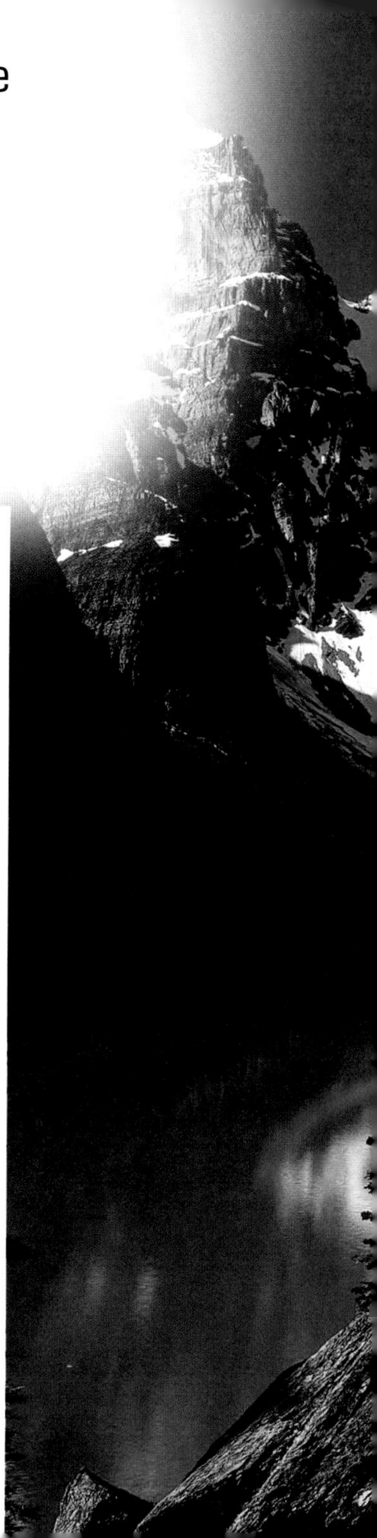

El hielo de los glaciares puede agrietar enormes rocas. A medida que las grietas se agrandan, trozos de roca se desprenden. La acción de los glaciares formó estas montañas.

¿Lo sabían?

Hace miles de años, el clima de la Tierra era mucho más frío. Durante largos periodos, gran parte de la superficie terrestre estuvo cubierta de hielo. Esas épocas reciben el nombre de **eras glaciales.**

Esta fotografía muestra los Grandes Lagos. Los Grandes Lagos cubren un área que fue excavada por glaciares durante la última era glacial.

Usar lo que aprendieron

¿Qué fuerzas producen cambios en la superficie de la Tierra? ¿Qué cambios suceden con rapidez? ¿Qué cambios suceden con lentitud?

desgaste

era glacial

erosión

erupción

glaciar

placa tectónica

superficie

terremoto

volcán

Glosario

CONCEPTO CLAVE

desgaste (página 17)
Deterioro de la roca con el paso del tiempo
El desgaste y el paso de aguas rápidas crean un cañón.

CONCEPTO CLAVE

era glacial (página 19)
Periodo en que la Tierra era mucho más fría que ahora
Los Grandes Lagos fueron creados por glaciares durante la última era glacial.

CONCEPTO CLAVE

erosión (página 14)
Movimiento de tierra y rocas desgastadas
La erosión puede cambiar gradualmente la forma de la costa.

CONCEPTO CLAVE

erupción (página 12)
Salida violenta por una abertura
Cuando un volcán entra en erupción, puede crear una nube de polvo de muchas millas de altura.

CONCEPTO CLAVE

glaciar (página 16)
Masa grande y densa de hielo en movimiento
Un glaciar puede crear un profundo valle.

CONCEPTO CLAVE

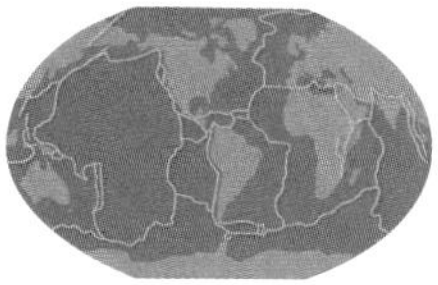

placa tectónica (página 8)
Porción de gran tamaño de la corteza terrestre
La superficie de la Tierra se divide en grandes secciones llamadas placas tectónicas.

CONCEPTO CLAVE

superficie (página 6)
Parte superior o externa de algo
El viento puede cambiar la superficie de la Tierra.

CONCEPTO CLAVE

terremoto (página 9)
Movimiento de las placas tectónicas que produce un temblor de la superficie de la Tierra
Un violento terremoto puede dejar enormes grietas en la superficie terrestre.

tornado (página 14)
Tormenta de viento que gira circularmente
Los vientos de un tornado pueden superar las 300 millas por hora.

CONCEPTO CLAVE

volcán (página 12)
Abertura en la superficie terrestre a través de la cuál se produce una erupción de magma
El magma de un volcán puede convertirse en cenizas, polvo y rocas.

Índice